JN037678

魚屋だから考えた。クリトモのかんたん魚レシピ

栗原 友

文藝春秋

はじめに

　私が34歳の時のこと。当時、私は料理家として行き詰まっていて、自分が何が得意なのかわからなくなっていました。そんな時、目の前に出された鮮魚が捌けず大恥をかいたことがきっかけで、築地市場で働き始めました。

　自分が鮮魚店で働くまで、魚の種類にも詳しくない、旬の魚もわからない、魚料理は和食屋か寿司屋で食べるもの。そう思っていました。それに、料理家としては肉がメイン。「魚料理は私がやらなくてもいい」とも思っていました。

　最初は、魚の種類を覚えるところからはじめました。賄い係だったので、旬の魚を使っていろんなお惣菜を作り、お客様に説明できるように勉強しました。すると、お客様から「この前教えてもらったレシピ、簡単でおいしかった」「また教えて」と、魚料理の相談がくるようになったのです。

　現在は夫と二人で水産会社を経営し、国内外のレストランに鮮魚を納品する仕事をするまでになりました。

　この本は、魚料理が苦手だった私が、簡単な調理法でいかに魚料理に興味を持ってもらえるか、おいしいと言ってもらえるかを考えて接客していた頃のレシピを集めたものです。

　魚料理をもっと身近なものに感じてほしい。パックの魚で作れる簡単おいしいレシピを知ってほしい。もしおいしかったら友達や家族に伝えてほしい。そうやってお魚レシピがいろんな人に届きますように。みんながもっとお魚を好きになってくれますように。そんな思いを込めて作りました。

　どんなに簡単か、どうぞ読み進めてみてください。

栗原　友

これまでの定番魚メニュー

焼き魚といえば、大根おろしに醤油

刺身は、パックで醤油にわさび

定番・王道も美味しいけれど…
子どもに魚をもっと食べさせたい…

そんな日々の食卓の悩みには……　……☞

これからの新定番魚レシピ

焼いた切り身に
刻み野菜のせ！

どの魚に
どの具材でも
組み合わせは
自由自在

たとえば
刺身に
オリーブオイルと
塩とチーズ！

面倒なことは一切なし！
ものすごく簡単で、びっくりするほど美味しい
新しい魚の食べ方に出会えます
旬の魚こそ安くておいしい‼

切り身

刺身

貝・甲殻類

缶　詰

レシピルール

- -

計量の単位：
1カップ＝200㎖
大さじ1＝15㎖
小さじ1＝5㎖
ご飯1杯＝150ｇ

火加減はガスコンロを基準にしています。
特に指示のない時は中火です。

レモンをレモン果汁で代用する場合の目安：
レモン1／4個＝約小さじ2
レモン1／8個＝約小さじ1

- -

切り身

〰〰〰〰〰

サケ・サワラ・サバ・イワシ・キンメ・イカ・タイ・カジキ
タラ・ブリ・カレイ・スズキ・銀ダラ・シシャモ

焼く　ソース　煮る　蒸す　応用

切り身の選び方

鮮度

・皮の模様がくっきり見えて張りとツヤがある。
・切り口が鮮やかでエッジがキリッと鋭角を保っている。
・身はふっくらと厚く、皮よりも張り出て弾力があり、割れていない。
【要注意】身にツヤがなくくすんで、血合いが黒っぽい。トレイに水分が流れ出ていたり、吸水紙に血液の混じった液体が多く染み込んでいたりする場合は、お店に並んでから時間が経ってしまっている可能性が高い。

形

ブリ・ハマチなどの魚体が大きいものを切り身にする場合、三枚におろした半身をさらに、腹側と背中側に切り分けるため、皮の色が濃い方が背で赤身中心。腹は皮が白く、身も白っぽいピンクで、脂がのっている。
・弓形の「腹（頭）側」
　脂がのってうまみがあり、シンプルに焼き魚やソテーにするのがおすすめ。
・半月状の「背（尾）側」
　腹（頭）側に比べて脂が少ない分、あっさりとした味わい。さっぱりとして量を食べられる。揚げものやフライなどで味と油分を補うと食べやすい。

基本の焼き方

1 魚をパックから取り出す
　　臭いが気になるときは酒をふりかけ、サッと洗って水分をふいておく

2 魚に塩をまんべんなく軽くふって、約10分おく
　　塩は高い位置（30cmほど上）からかけると均一に

3 出てきた水分をキッチンペーパーでとる
　　臭みの原因なのでしっかりふきとること

4 両面焼きグリル：皮目（または身）を上にして弱〜中火で7〜8分、
　　片面焼きグリル：皮目（または身）を下にして弱〜中火で4〜5分、
　　　　　　　　　　どちらも返して4〜5分焼く
　　焼く時間が長くなるほど水分とうまみが抜け、身がパサついてしまうので、強火で長時間はNG

※ 川の魚（本書ではサケ）は皮目から、海の魚は身から焼く

ブロッコリー＋サケ

材料（2人分）
生サケ…2切れ
ブロッコリー…大5房（約100ｇ）
塩…ひとつまみ
オリーブオイル…大さじ1
パルミジャーノ・レッジャーノ
　（粉チーズでも可）…適量
黒こしょう…適量

作り方
1 鍋に湯を沸かし、ブロッコリーとひとつまみの塩を入れ、くたくたになるまで5分程度ゆでる
2 1を細かく刻み、オリーブオイルとパルミジャーノ・レッジャーノで和える
3 サケをグリルで焼く（p10参照）
4 焼いたサケに2をかけ、最後に黒こしょうをふる

● ブロッコリーは固めでもやわらかめでもどちらでもおいしい。

焼く・刻み野菜 〜〜

紫キャベツ＋サケ

材料（2人分）
生サケ…2切れ
紫キャベツ…1/6玉
塩…小さじ1/2
砂糖…小さじ1/2
酢…小さじ2
マヨネーズ…大さじ1
オリーブオイル…小さじ1
黒こしょう…適量

作り方
1 紫キャベツを太めの千切りにしてボウルに入れ、塩をふって5分おき、水分をしぼる
2 1に砂糖を加えて混ぜ、また水分をしぼる
3 2に酢、マヨネーズ、オリーブオイルを入れて混ぜる
4 サケをグリルで焼く（p10参照）
5 焼いたサケに3をかけ、仕上げに黒こしょうをふる

🍽 単品でサラダとしてもおいしいです。

カリフラワー＋サケ

材料（2人分）
生サケ…2切れ
カリフラワー…大2房
カッテージチーズ…大さじ1
はちみつ（メープルシロップでも可）…大さじ1
塩…少々
黒こしょう…適量
オリーブオイル…適量

作り方
1 カリフラワーは生のまま薄くスライスする
2 サケをグリルで焼く（p10参照）
3 器に盛った2にスライスしたカリフラワーをのせ、カッテージチーズ、はちみつをかける
4 仕上げに塩、黒こしょう、オリーブオイルをふりかける

 クリトモ メモ 生カリフラワー、だまされたと思って食べてみて‼ カッテージチーズではなくフェタチーズでもおいしいよ。その場合は塩なしで大丈夫。

パセリとナッツ
＋サワラ

材料（2人分）
サワラ…2切れ
パセリ…枝2本分
アーモンド（生）…10粒
塩…小さじ1
オリーブオイル…大さじ1
黒こしょう…適量

作り方
1 サワラをグリルで焼く（p10参照）
2 パセリをみじん切りにする
3 アーモンドを縦に千切りにする
4 **2**に塩とオリーブオイルを混ぜ、焼いた
  サワラにかける
5 仕上げに**3**をのせて黒こしょうをふる

🔘 パセリの苦みとナッツのコクで大人味。

きゅうりとズッキーニ
＋サワラ

材料（2人分）　　　🔘 千切りきゅうりは
サワラ…2切れ　　　　　とにかく万能。
きゅうり…1／2本
ズッキーニ…1／2本
レモン…1／4個
塩…小さじ1
オリーブオイル…適量

作り方
1 サワラをグリルで焼く（p10参照）
2 きゅうりとズッキーニを千切りにする
3 レモンの皮の白い部分をこそげとり、外側の
  黄色い部分を千切りにして、混ぜ合わせる
4 **2**と**3**を焼いたサワラにかける
5 食べるときに塩とオリーブオイルと、レモン
  をしぼってお好みでかける

焼く・刻み野菜 ≋≋

セロリの葉＋サバ

材料（2人分）
サバ…2切れ
セロリの葉…1本分
レモン…1/4個
塩…小さじ1/4
クミンシード…小さじ1/4
オリーブオイル…大さじ1

作り方
1 サバをグリルで焼く（p10参照）
2 セロリの葉を小口切りにしてボウルに入れる
3 2にレモンをしぼり塩を入れてしんなりさせる
4 しんなりしたら、クミンシードとオリーブオイルも加えて混ぜ、焼いたサバにかける

◉ セロリの葉、余ったらこれ！

パクチー＋イワシ

材料（2人分）
イワシ…2尾
パクチー…8本
しょうが…約10g
塩…小さじ1/4
黒こしょう…適量
ごま油…小さじ1

作り方
1 イワシをグリルで焼く（p10参照）
2 パクチーを細かく刻み、しょうがは千切りにする
3 2に塩、黒こしょう、ごま油を入れて和え、焼いたイワシにかける

◉ パクチー好きは試してほしい。
魚に鬼盛りサイコー！

ねぎ＋キンメ

材料（2人分）
キンメ…2枚
玉ねぎ…1/4個
長ねぎ…1/3本
万能ねぎ…2本
青とうがらし…1本
砂糖…大さじ1/3
塩…小さじ1/2
しょうゆ…小さじ1
ごま油…小さじ2

作り方
1 キンメをグリルで8分焼く（p10参照）
2 玉ねぎと長ねぎをみじん切りにし、3分ほど水にさらして水気をしぼる
3 万能ねぎ、青とうがらしは小口切りにする
4 **2**と**3**をボウルに入れ、砂糖、塩、しょうゆ、ごま油を合わせ、焼いたキンメにかける

🟡 ねぎの辛みが魚の脂でマイルドに。

みょうがとみつば ＋イカ

材料（2人分）
イカ…1杯
みょうが…1個
みつば…1把
しょうゆ…適量
マヨネーズ…適量
七味とうがらし…適量

🟡 みつば多めで、もはやイカサラダ。切り込みを細かく入れると火が通りやすいだけでなく模様みたいできれい。

作り方
1 イカは足を抜いて、内臓、目、クチバシを切り取り、軟骨を抜き取って胴体の中を洗い、下足はしごいて吸盤を取る
2 胴体に、横に細かく切れ目を入れてグリルで10分焼く
3 みょうがは縦に半分にして小口切りにし、みつばは細かく刻んで混ぜ、しょうゆをかける
4 **1**に、**2**とマヨネーズ、七味とうがらしをそえる

焼く・刻み野菜 〰〰

トマトソース＋タイ

材料（2人分）
タイ… 2切れ
オリーブオイル…大さじ2
にんにく…1片（5g）
とうがらし…1本
ミニトマト…10個（1パック）
塩…小さじ1／2

作り方
1 タイに塩（分量外）をふって10分おき、水気をキッチンペーパーでふきとる
2 フライパンにオリーブオイルを入れ、とうがらしとつぶしたにんにくを入れて火にかけ、熱する
3 タイを身から両面こんがり焼く
4 ミニトマトを半分に切って、**3**に入れて強火でトマトがやわらかくなるまで炒める
5 トマトがやわらかくなったら少し潰して汁気を出し、塩をふる
6 タイを皿に盛り、上からトマトソースをかける

クリトモ メモ 私がよくBBQで作るレシピ。
焼いたフランスパンをタイの下に敷き、ソースを染みさせて食べるとおいしいです。

バターしょうゆ＋サケ

材料（2人分）
生サケ… 2切れ
植物油…大さじ2
バター…20g
しょうゆ…大さじ1
はちみつ…小さじ2

作り方
1 サケに塩（分量外）をふって10分おき、水気をキッチンペーパーでふきとる
2 フライパンに油を熱し、サケを皮目から両面こんがり焼き、皿に取り出す
3 サケを焼いたフライパンにバター、しょうゆ、はちみつを入れ、弱火で熱してとろみをつけ、サケをフライパンに戻し、全体をからめる
4 お好みで焼いたアスパラやパプリカをそえる

● 照り焼き風の味は外国の友人にも人気。そして白米に合う!!

18

焦がしバター+サケ

材料（2人分）
生サケ…2切れ
植物油…大さじ2
バター…30g
ケッパー…小さじ1
塩…適量
黒こしょう…適量

作り方

1 サケに塩（分量外）をふって10分おき、水気をキッチンペーパーでふきとる

2 フライパンに油を熱し、サケを皮目から両面こんがり焼き、皿に取り出す

3 サケを焼いたフライパンにバターとみじん切りにしたケッパー、塩を入れ、バターが焦げ茶色になるまで中火で温め、**2**にかける

4 お好みで黒こしょうをふり、ポテトグラタンをそえる

クリトモ メモ 子どもに人気のポテトグラタンは、薄切りにしたじゃがいもを鍋に入れ、牛乳をひたひたに注ぎ、中火で水分がなくなるまで煮詰めたら耐熱皿へ。生クリームと好みのチーズを入れアルミホイルで蓋をしてトースターで10分。グツグツしたら蓋を取り、4分焼いて完成。冷めると固まります。焦がしバターと相性もいい！

焼く・簡単ソース 〰〰

ナンプラーバター＋サケ

材料（2人分）
生サケ… 2切れ
万能ねぎ…4本
植物油…大さじ2
バター…10g
ナンプラー…大さじ1
黒こしょう…適量

作り方
1 サケに塩（分量外）をふって10分おき、水気をキッチンペーパーでふきとる
2 万能ねぎを小口切りにする
3 フライパンに油を熱し、サケを皮目から両面こんがり焼き、そのままバターとナンプラーを入れ、バターを溶かしながらサケにまわしかける
4 サケをソースごと皿に移し、仕上げに黒こしょうをふり**2**を散らす

ナンプラーとバターの組み合わせ大好きー。

20

カレーヨーグルト＋カジキ

材料（2人分）
カジキ…2切れ
★ ┌ ヨーグルト…100g
 │ にんにくすりおろし…小さじ1/2
 │ しょうがすりおろし…小さじ1
 │ 塩…小さじ1/2
 │ レモン汁…1/8個分
 └ カレー粉…小さじ1と1/2
植物油…大さじ2

作り方
1 カジキは一口大に切る
2 ★をすべて混ぜ合わせる
3 1を2に2時間以上つけておく
4 フライパンに油を熱し、3のソースをそ
 ぎ落としたカジキを入れる
5 焼き目がつくまで四辺を弱火で8分ほど
 焼く

💬 お弁当にもおすすめ。前の日につけておけば楽チンね。

ねぎマヨネーズ＋サワラ

材料（2人分）
サワラ… 2切れ
万能ねぎ…2本
卵…1個
マヨネーズ…大さじ2
塩…少々
黒こしょう…少々
パン粉…大さじ2
植物油…大さじ2

作り方
1 サワラに塩（分量外）をふって10分おき、水気をキッチンペーパーでふきとる
2 万能ねぎを小口切りにする
3 卵を割って、卵黄と卵白に分ける
4 ボウルに**2**と卵黄とマヨネーズ、塩、黒こしょうを入れて混ぜる
5 卵白を溶きほぐして**1**の表面に塗り、パン粉をつける
6 フライパンに油を熱し、中火で**5**を身から両面焼く
7 皿に取り出し**4**をかけて出来上がり

油のかわりにマヨで魚を焼いてもおいしいんですよ。
とくに淡白で脂の少ない魚がぐっとおいしくなります。

焼く・簡単ソース ≋

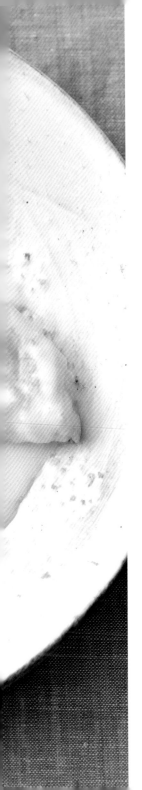

レモンクリーム＋タラ

材料（2人分）
甘塩タラ…2切れ
小麦粉…大さじ1
グリンピース…30g
オリーブオイル…大さじ2
生クリーム…100㎖
パルミジャーノ・レッジャーノ（粉チーズでも可）…12g
塩…小さじ1／4
レモン…1／4個

作り方
1 タラの水気をキッチンペーパーでふきとり、小麦粉をはたく
2 グリンピースは湯に塩（分量外）を入れて、2分ほどゆでる
3 フライパンにオリーブオイルを入れて熱し、1を中火で両面
　 焼く
4 3のフライパンに生クリーム、パルミジャーノ・レッジャーノ、
　 塩とレモンをしぼって入れて、そのまま弱火で少し煮込む
5 4に2も加え、温める程度に煮る

**クリトモ
メモ**　甘塩タラは事前に塩をふらず、真ダラは塩をふっておきます。
使うタラによって塩分が違うので、塩は調整して使って。
グリンピースはなくてもいいですが、生があったら是非お試しを。

焼く・簡単ソース 〰

マスタード＋サバ

材料（2人分）
サバ…半身
玉ねぎ…1／6個
ゆで卵…1個
ケッパー…小さじ1
ピクルス…30g
マヨネーズ…大さじ4
粒マスタード…小さじ2
食パン…4枚
レタス…4枚

作り方
1 サバに塩（分量外）をふって10分おき、水気をキッチンペーパーでふきとる
2 **1**をグリルで10〜15分焼く
3 玉ねぎ、ゆで卵、ケッパー、ピクルスをみじん切りにする
4 骨と皮を取り、身をほぐしたサバに、**3**とマヨネーズ、粒マスタードを混ぜ合わせる
5 食パンを焼き、レタスと**4**を挟む

● サバで一番好きなレシピ。玉ねぎは水にさらさず少し辛いのがポイント。苦手な方は5分ほど水にさらしてください。サバ缶でもOK。

ブラックオリーブ + 小ヤリイカ

材料（2人分）
小ヤリイカ…4杯
ブラックオリーブ（種ぬき）
…10粒
アンチョビフィレ…2枚
プルーン…2個
オリーブオイル…大さじ2
にんにく…1片（5g）
青とうがらし…1本

作り方
1 小ヤリイカは足を抜いて、内臓、目、クチバシを切り取り、軟骨を抜き取って胴体の中を洗う
2 ブラックオリーブ、アンチョビフィレ、プルーンをみじん切りにして混ぜ合わせる
3 フライパンに、オリーブオイルとつぶしたにんにくを入れ火にかけ、香りが出てきたらにんにくを取り出し、イカをソテーする
4 **3**を皿に取り、**2**と小口切りにした青とうがらし、取り出したにんにくをのせる

イカ好きな私が大好きなレシピ。上からクリームタイプのバルサミコ酢をかけてもおいしいです。プルーンの甘さと青とうがらしのバランスが最高。

27

焼く・簡単ソース 〰〰

秋に出まわる脂の乗ったサバを使って
10分で食べられるサバのみそ煮

材料（4人分）
サバ… 2枚おろし1尾分
しょうが…20g
酒…300㎖
砂糖…大さじ3
どんこの出汁…200㎖（干しいたけ2枚をお湯で戻す）
みそ…大さじ2
しょうゆ…大さじ3

作り方
1 サバは1枚を4等分に切り、皮に斜めに切れ目を入れる
2 しょうがは薄切りにする
3 鍋にサバ、しょうが、砂糖を入れる
4 **3**に酒をひたひたになるまで注ぎ、アルミホイルで落とし
蓋をする
5 中火にかけて、途中アクがでたらすくう
6 戻した干しいたけを半分に切る
7 酒が半量になるまで6分くらい煮詰めたら、みそとしょう
ゆをどんこの出汁で溶き、**6**と一緒に鍋に入れて、弱火
で3、4分煮る
8 皿によそい、飾りしょうが（分量外）をそえる

**クリトモ
メモ**
日本酒をたっぷり使った贅沢なみそ煮です。
皮目に切れ目を入れるのは早く火を通すため。
脂ののったサバは煮すぎるとせっかくの脂が
抜けてしまうのでもったいない！
汁は多めにお皿に入れて、ひたしながら食べる
のがこの料理の食べ方です。

3

4

4

7

7

3日目が食べ頃サバのじっくりみそ煮

材料（4人分）
サバ… 2枚おろし1尾分
しょうが… 40g
どんこの出汁…400㎖（干しいたけ4枚をお湯で戻す）
酒…500㎖
水…1500㎖
砂糖…大さじ3
しょうゆ…大さじ3
みそ…大さじ2

作り方
1（1日目）
　サバは1枚を4等分に、しょうがは薄切りにし、鍋にサ
　バ、しょうが、砂糖を入れる
2 戻した干しいたけを半分に切る
3 **1**に酒500㎖と水500㎖を入れ、アルミホイルで落と
　し蓋をして水分が半量になるまで煮たら、干しいたけ、
　どんこの出汁、しょうゆ、みそを入れて弱火で3時間ほ
　ど煮て、煮たらそのまま放って冷ます
　※このとき水が減りすぎないよう、常に鍋の半分くらい
　を保つように水（分量外）を注ぎ足す
4（2日目）
　水1ℓを入れて3時間弱火で煮て冷ます
　1日目同様、水（分量外）を注ぎ足しながら煮る
5（3日目）
　冷めたら食べごろ

クリトモ
メモ

2日間、「加熱して冷ます」を繰り返します。
冷めていく時に味が染み込んでいくので3日目には
かなりおいしくなっています。
手間はかかるけど、骨までホロホロで食べられますよ。
脂ののっていない時期のサバで、ぜひ。

煮る 〜〜〜

キンメにんにくクリーム煮

材料（2人分）
キンメ…2切れ
小麦粉…大さじ2
にんにく…2片（10g）
オリーブオイル…大さじ3
生クリーム…200㎖
バター…10g
塩…小さじ1/2
黒こしょう…適量
バゲット…2枚

このにんにくクリームが
だーい好き。
魚をほぐしてショートパスタ
と混ぜてもおいしいの。

作り方
1 キンメは塩（分量外）をふって10分おき、水気をキッチンペーパーでふきとって小麦粉を薄くはたく
2 にんにくを包丁の腹などでつぶし、フライパンにオリーブオイルとにんにくを入れて弱火でゆっくり加熱。焼き色がついたらにんにくを取り出す
3 2のフライパンで1を身から弱火で両面焼く
4 キンメに焼き色がつき、皮目がパリッとなったら生クリームを入れ、弱火で半分の量になるまで煮込む（約20分）
5 バターを入れて、塩で味をととのえる
6 皿に盛り、2のにんにくをのせ、黒こしょう、オリーブオイル（分量外）をお好みでふり、焼いたバゲットをそえる

ブリ コチュジャン煮

材料（2人分）
ブリ…2切れ
長ねぎ（白い部分）…1本
春菊…4本
しょうがスライス…3枚（6g）
酒…100㎖
水…200㎖
鶏がらスープ顆粒（もしくは
中華スープ顆粒）…小さじ1
コチュジャン…大さじ2
みそ…大さじ1

作り方
1 ブリは塩（分量外）をふって10分おき、水気をキッチンペーパーでふきとる
2 長ねぎはみじん切り、春菊は半分の長さに切る
3 鍋にブリ、しょうが、酒、水、鶏がらスープ顆粒を入れて火にかけ、煮立たせないように弱火で15分煮てアクが出たらすくう
4 コチュジャンとみそを入れてさらに弱火で5分煮る
5 **2**を入れ、ひと煮立ちさせて火を止める

🍚 ごはんがすすむやつ〜♫
照り焼きに飽きたらやってみてね。

33

カレイココナッツカレー煮

材料（2人分）
カレイ… 2切れ
小麦粉…大さじ2
玉ねぎ…中1個
しょうが…5g
にんにく…1片（5g）
植物油…大さじ5
水…300㎖
カレールウ…2片（18g×2）
ココナッツミルク…100㎖
しょうゆ…小さじ1
パクチー…適量

まるでベトナム料理のような1品、激ウマ。

作り方
1 カレイに塩（分量外）をふって10分おき、水気をキッチンペーパーでふきとって、小麦粉を薄くはたく
2 玉ねぎはみじん切り、しょうがとにんにくはすり下ろす
3 フライパンに油大さじ3を入れ、カレイの両面を焼き、全体的に白っぽくなって焼き色がついたら取り出す
4 フライパンに油大さじ2を足して、しょうが、にんにく、玉ねぎを弱火で炒める
5 4に水を入れ、煮たったらルウを入れる
6 ルウが溶けたらココナッツミルクを入れ、沸騰しない程度に温めたらカレイをフライパンに戻す
7 火が通るまで弱火で10分ほど煮る
8 仕上げにしょうゆを入れ混ぜ合わせたら皿に盛り、パクチーを飾る

カレイ四川風煮

材料（2人分）
カレイ… 2切れ
片栗粉…大さじ3
春雨（乾燥）…20g
しょうが…5g
にんにく…1片（5g）
植物油…大さじ4
酒…200㎖
水…100㎖
豆板醤…小さじ1
甜麺醤…大さじ1

作り方
1 カレイに塩（分量外）をふって10分おき、水気をキッチンペーパーでふきとって、片栗粉を厚めにまぶす
2 春雨をぬるま湯で戻しておく
3 しょうがとにんにくはみじん切りにする
4 フライパンに油と3を入れて香りを出し、1を揚げ焼きにする
5 4に酒、水、豆板醤、甜麺醤を入れて煮たたせ、弱火〜中火で煮る
6 煮汁が半分になったら2を入れ、2〜3分煮る

これもだーい好き！ この本の中のTOP10に入るかも！
カレイってこんなにおいしくなるんだ!?って感じ。

蒸し器がなくても大丈夫！
いつもの鍋と皿で簡単蒸し器

用意するもの
蓋付き鍋
平皿
小鉢
菜箸

1

鍋に小鉢を逆さまにして置く
小鉢が浮かない程度に水を入れる

3

鍋の上に箸をわたらせる

2

小鉢の上に皿をのせる

右の写真のように、魚
の下にクッキングシート
を敷くと魚が皿にくっつ
かない。魚にはふんわ
りラップをかける

4

蓋をして火にかけたら
簡易蒸し器の出来上がり

タラ塩麹蒸し

材料（1人分）
生タラ… 2切れ
塩麹…大さじ3
チンゲン菜…1/2株
レモン…1/4個

作り方
1 生タラに塩麹をぬり、半日〜一晩おいておく
2 1とチンゲン菜を皿にのせ、ふんわりラップをかけ、
　蒸気の上がった蒸し器に入れて約10分蒸す
3 蒸し器から出して、レモンをそえて出来上がり

 クリトモ メモ 輪切りよりも、くし切りのレモンをいっぱいしぼって
じゃぶじゃぶ食べるともっとおいしい。

蒸しキンメ 中華風ねぎ油かけ

材料（4人分）
キンメ… 2切れ
長ねぎ…1本
しょうが… 3g
酒…大さじ1
砂糖…小さじ1／2
塩…小さじ1／3
植物油…50㎖

作り方
1 キンメの皮目に包丁で約5㎜の深さの切り目を十字に入れて、塩（分量外）をふって10分おく
2 長ねぎは10㎝の長さに切って、縦に千切りにし、水に5分ほどさらして水気を切っておく
3 しょうがを千切りにする
4 皿にキンメをおいて酒をふり、上からラップをふんわりかける
5 蒸気の上がった蒸し器に **4** を入れて10分蒸す
6 盛り付け用の皿にキンメをおき、砂糖、塩、**2**と**3**を盛る
7 フライパンで油をアツアツに熱し、**6**の上にかける
8 **7**を混ぜ合わせて出来上がり

クリトモ メモ まさかの調味料じか置き。蒸し魚以外に焼き魚でも OK。熱い油をかけるだけで、なんなのこのウマさ。

蒸す 〜〜〜

スズキのライム蒸し

材料（2人分）
スズキ… 2切れ
酒…大さじ2
もやし…適量
ライム…1/4個
パクチー…適量
ナンプラー（しょうゆ）…適量
ごま油…適量

作り方
1 スズキに塩（分量外）をふって10分おき、水気をキッチンペーパーでふきとり、皿にのせて酒をふりかける
2 もやしは1分ゆでる
3 ライムを薄い輪切りにして1の上と下におき、ラップをふんわりかけて、蒸気の上がった蒸し器で8分蒸す
4 蒸し上がったら、もやしをそえ、お好みでパクチーをのせ、ナンプラー（なければしょうゆ）とごま油をまわしかける

🍚 蒸すと淡白な魚がしっとりふんわりします。

切り身魚アレンジ！
の前に簡単な下準備と骨なしフィレの作り方

2枚下ろしサバ【骨の取りかた】

骨抜きがない時は、真ん中の骨を思い切って切り落とす

骨の部分（骨の周り5mm程度）

イワシのひらき【皮の取りかた】

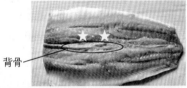

背骨

1 腹側を上にして、両手の親指を、真ん中の☆（触ると背骨があるのでその上）に入れる

2 そのまま身にそって親指を左右に動かすと、皮がキレイにはがれる。片側も同様に

切り身タラ【骨の取りかた】

奥：腹身
手前：尾に近い部位

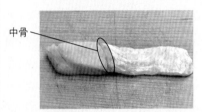

中骨

1 皮を下にし、中骨手前の身の厚い部分を切る

腹骨

2 腹骨をそぎ取る

腹骨

中骨

骨なしの身

3 下準備完了

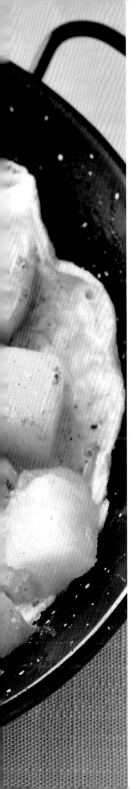

タラオムレツ

材料（2人分）
生タラ… 1切れ
じゃがいも…中1個
玉ねぎ…1/4個
万能ねぎ…1本
卵…3個
オリーブオイル…大さじ4
塩…ひとつまみ

作り方
1 タラに塩（分量外）をふって10分おく
2 じゃがいもを箸がスッと通るくらいまでゆでて皮をむき、一口大に切る
3 玉ねぎ、タラは一口大、万能ねぎは小口に切る
4 フライパンにオリーブオイル大さじ1を入れ、玉ねぎを炒め、透明になったらタラを入れて両面をしっかり焼く
5 じゃがいもを入れて、表面に焼き色がつくまで焼く
6 炒めたタラ、玉ねぎ、じゃがいもを皿に取り出す
7 フライパンを拭き、オリーブオイル大さじ3を入れて中火にかける
8 卵と塩を混ぜ合わせたら**7**に入れ、真ん中に卵を集めながらフワッと半熟状に固める
9 **6**を**8**にまんべんなく入れ、万能ねぎを散らして出来上がり

クリトモ メモ
焼いた具に卵を流しただけ。
魚にも焼き色をしっかりつけて。
お好みでマヨネーズやケチャップをかけて
お召し上がりください。

切り身・アレンジ 〰〰〰

タラさつま揚げ

材料（4人前8個分）
生タラ（皮なし）
　　　… 2切れ（約220g）
卵白…1個分
片栗粉…大さじ1
塩…小さじ1/2
いんげん…3本
にんじん…1/8本
玉ねぎ…1/4個
植物油…鍋の半量

作り方
1　生タラ、卵白、片栗粉、塩をフードプロセッサーで混ぜる
2　いんげんは小口切り、にんじんと玉ねぎはみじん切りにする
3　1と2を合わせる
4　鍋の半分くらいまで油を入れ、160度に熱する
5　大さじのスプーンでこんもりと3をすくって、静かに油に入れる
6　途中ひっくり返しながら、7〜8分こんがりと焦げ目がつくまで揚げる

　パクチーやミントと一緒にレタスで巻いて食べるとおもてなし料理になります。
　フードプロセッサーがないときは生タラを包丁で細かくたたいて、ビニール袋に入れてよく揉んでください。

サケのフィッシュケーキ

材料（2人分）
サケ…1切れ
じゃがいも…大1個
卵…2個
スイートコーン…40g
塩…小さじ1/2
こしょう…少々
小麦粉…大さじ1
パン粉…1カップ
植物油…鍋の半量
イタリアンパセリ…3本

作り方

1 サケをグリルで8分焼き（p10参照）、皮と骨を取ってほぐす

2 じゃがいもをやわらかくなるまでゆでて皮をむき、粗めにつぶす

3 **2**に**1**を入れ、卵1個とスイートコーン、塩、こしょうも入れて混ぜ合わせる

4 **3**を2等分にして平たく丸め、それぞれ小麦粉、溶き卵、パン粉の順にまぶす

5 フライパンに油を入れ、180度まで熱したら、**4**を入れてこんがりと焦げ目がつくまで揚げる

6 皿に盛り、刻んだパセリを散らす

まるで外国の朝ごはんのような。お好みでレモンをそえて。
ヨーグルトをかけて食べるのもおいしいですよ。　45

切り身・アレンジ 〜〜〜

キンメフリット

材料（2人分）
キンメ…2切れ
じゃがいも…中1個
塩…適量
天ぷら粉…1カップ
ビール…天ぷら粉の表示水分より20mℓ少ない分量
植物油…鍋の半量
レモン…1／4個
イタリアンパセリ…3本

作り方
1 キンメを一口大に切り、塩（分量外）をふって10分おく
2 じゃがいもを箸がスッと通るくらいまでゆで、皮をむいて
　 一口大に切ったら塩をふる
3 天ぷら粉にビールを入れて溶き、**1**と**2**を入れてからめる
4 鍋に半量の油を入れて、180度に熱し、**3**を入れてカラッ
　 とするまで8分ほど揚げる
5 皿に盛り、塩をふってレモンをそえる

　天ぷら粉にビールは、水で溶いたときよりも少し固めが目安です。
　イタリアンフリットのような食感になるんですよーサックサク‼

46

サバブリック

材料（1枚分）
サバ…1／2切れ
玉ねぎ…1／8個
春巻きの皮…1枚
溶けるチーズ…25g
卵…1個
ケッパー…小さじ1
オリーブオイル…大さじ1
レモン…1／8個

作り方
1 サバに塩（分量外）をふって10分おき、水気をキッチンペーパーでふきとり、3等分に切る
2 玉ねぎは薄くスライスする
3 春巻きの皮を図のようにして、奥の三角形にサバをおく
4 3の上に玉ねぎ、チーズ、卵、ケッパーをのせ、三角形に閉じる
5 端をヘラで押さえながら、オリーブオイルを入れたフライパンで両面をそれぞれ3〜4分焼く
6 焼けたらお好みでレモンをしぼる

3
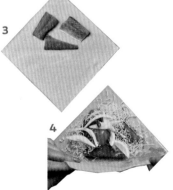

4

5

● 先輩に教えてもらったチュニジア料理。新しい魚料理に出会えたときって幸せな気分になりますよね。　48

新玉イワシ餃子

材料（2人分）
イワシの開き…2枚
新玉ねぎ…1/4個
餃子の皮…10枚
塩…少々
こしょう…多め
植物油…大さじ1
水…50㎖

作り方
1 イワシの開きを真ん中で切り、背骨と尻尾を切り落として皮つきの身にしたら、大きめのみじん切りにする
2 新玉ねぎを大きめのみじん切りにする
3 1と2を合わせ、塩、こしょうをふって混ぜ合わせる
4 3を小さじにとり、餃子の皮で包む
5 フライパンに油を敷き、餃子を並べてから火をつける
6 火をつけたら水を入れて蓋をし、弱火～中火で水分がほぼなくなるまで焼く
7 蓋を開けて残りの水分を飛ばして出来上がり

クリトモ メモ 焼き上がったら多めの酢・練りからし・しょうゆをつけて食べて。
このタレにクミンシードを入れてもおいしいです。
新玉ねぎじゃなくてもおいしいけど、やっぱり新玉ねぎでやってほしい！ 甘さが全然違うから！

切り身・アレンジ 〰〰〰

タラ和風スパゲッティ

材料（2人分）
タラ…2切れ
スパゲッティ…160g
にんにく…1片（5g）
ごま油…大さじ2
とうがらし…1本
長ねぎ…1本
高菜漬物…大さじ2
大葉…4枚
しょうゆ…適量

作り方
1 タラに塩（分量外）をふって10分おき、水気をキッチンペーパーでふきとり、一口大に切る
2 鍋に塩（分量外）を入れた湯を沸かし、スパゲッティを表示時間より2分短くゆでる
3 フライパンにスライスしたにんにくとごま油を入れて火にかけ、香りがたつまで熱したら、とうがらしを入れ、タラを身から炒める
4 3にみじん切りの長ねぎを入れて炒め、次に高菜を入れて炒める
5 4にスパゲッティとお玉1/2のゆで汁を入れ、強火でフライパンをふりながら水分が飛ぶまで炒める
6 皿に盛り、千切りの大葉をのせ、お好みでしょうゆをふる

タラの臭いが苦手な人は香味野菜を多めに使ってみて。

銀ダラカルボナーラ

材料（2人分）
銀ダラ…2切れ
卵黄…2個分
生クリーム…200㎖
パルミジャーノ・レッジャーノ
…40g
スパゲッティ…160g
にんにく…1片（5g）
オリーブオイル…大さじ2
黒こしょう…適量

失敗しないコツはとにかく
弱火〜中火で卵液が固まらな
いようにひたすら混ぜること。

作り方
1 銀ダラを一口大に切る
2 ボウルに卵黄、生クリーム、すり下ろしたパルミジャーノ・レッジャーノを入れ、混ぜ合わせる
3 鍋に塩（分量外）を入れた湯を沸かし、スパゲッティを表示時間より2分短くゆでる
4 フライパンにつぶしたにんにくとオリーブオイルを入れて熱し1を焼き、火が通ったら皿に取り出す
5 フライパンの油を拭き、水に濡らした布巾の上において冷ます
6 冷ましたフライパンに2と3を入れて混ぜ合わせたら弱火〜中火にかけ、とろみがつくまでかき混ぜて4を入れる
7 皿に盛り、パルミジャーノ・レッジャーノ（分量外）と黒こしょうをふる

切り身・アレンジ ≈≈≈

サワラペペロンチーノ

材料（2人分）
サワラ… 1切れ
セロリ…1本
にんにく…1／2片
スパゲッティ…160g
オリーブオイル…大さじ2
とうがらし…1本
塩…小さじ1／2

作り方
1 サワラは一口大に切る
2 セロリを小口切り、にんにくはみじん切りにする
3 スパゲッティは塩（分量外）を入れた湯で、表示時間よりも2分短くゆでる
4 フライパンにオリーブオイル、にんにく、とうがらしを入れ、弱火で加熱し、香りがたってきたらサワラを入れて、塩で味付けする
5 サワラの表面が白くなったらセロリを入れ、全体に火が通るまで炒める
6 5に3とゆで汁をお玉半分くらい入れて水分がほぼなくなるまで全体を混ぜながら炒め、皿に盛る

クリトモ メモ 塩のかわりに昆布茶を入れてもおいしい。その場合、塩分は控えめに。
個人的にはセロリ多めがおすすめです。小口切りにするので筋は取らなくてOK。

切り身・アレンジ 〰〰

シシャモ黒ごま揚げ

材料（2人分）
シシャモ…1パック
卵白…1個分
片栗粉…大さじ3
黒ごま…1袋（80g）
植物油…鍋の半量

作り方
1 シシャモに片栗粉をまぶす
2 卵白を溶きほぐす
3 シシャモの頭を持ち、**2**に浸し、黒ごまをまぶす
4 鍋の半分くらいまで油を入れ、180度で**3**を5〜6分ゆっくり
　揚げる

⬤ これもお気に入りのおつまみ。子どももシシャモの頭からかぶりつきます。

刺 身

〰〰〰〰〰

タイ・イワシ・タコ・ホタテ・しめサバ・イカ・カツオ
サーモン・アジ・マグロ・ブリ・サケ

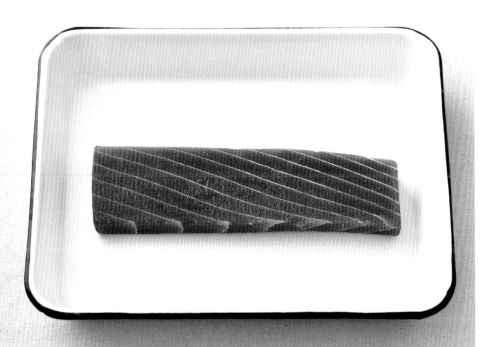

変　和　漬　〆　揚　煮　焼
え　え　け　る　げ　る　く
る　る　る　　　る

刺身あれこれ

鮮度	・切り身と一緒で、変色していない鮮やかな色のものを選ぶのがおすすめ。 ・カゴに入れたら明るいライトの下で再度確かめてみてもいいかも。

保存	・冊^{さく}の刺身が残ったら当日のうちに保存。 ・冊の刺身の表面をキッチンペーパーなどでふいて、密封袋やラップなどでぴっちりと包んでなるべく空気に触れさせないで。 ・カットしたものが余ってしまったら、鮮度が落ち、色も悪くなり、冷凍ものの場合は水っぽくなるのと臭いも出るため、昆布〆か漬けにして保存するのがおすすめ。昆布〆なら5日くらい、漬けは翌日に食べ切りたい。

マグロ冊の解凍の仕方（お正月用などで買った場合）

海水よりも少し塩辛いくらいの塩水を用意。その中に冷凍の冊を入れると、マグロの細かい汚れが浮かび上がってくるので、手で洗ってこすってそぎ落とし、そのまま半解凍するまで15〜20分放置。半解凍したら真水の流水で洗い流し、キッチンペーパーに包んで冷蔵庫で一晩解凍して完成。キッチンペーパーは濡れたらこまめに換えるのがコツ。

刺身の切り方（冊で買った場合）

・平作りもそぎ切りも、包丁の刃元を刺身に当てて、手前にすーっと引きながら1回で切る。
・イカを細く切る時は、包丁の切っ先を立てて線を引くように切る。

刺身の食べ方を変える！
調味料バリエーション

基本

 **+**

オリーブオイル or ごま油   **塩**

応用

+黒こしょう
ピンクペッパー
➡ p59.60.67

+柑橘類　レモン
グレープフルーツ、オレンジ、
ライム ➡ p59〜64.66

+チーズ
パルミジャーノ・レッジャー
ノ、クリームチーズ➡ p68.70

+クミンパウダー
➡ p63

+ヨーグルト
➡ p63

+カレー粉
➡ p67

+マヨネーズ
➡ p67.71

+ディジョンマスタード
➡ p69

+みそ
豆板醤 ➡ p61

タイカルパッチョ

材料（2人分）
タイ（刺身用）…1パック
オレンジ…1/2個
塩…ひとつまみ
ピンクペッパー…5、6粒
オリーブオイル…大さじ1

作り方
1 オレンジの皮をむき、半分に切ってから厚さ5mmの輪切り
　にする
2 刺身用に切ってあるタイを皿に並べ、オレンジをそえる
3 2にオリーブオイルをかけ、塩とピンクペッパーをふる

● 刺身とフルーツって意外といいんですよ。サッパリと食べられます。

イワシカルパッチョ

材料（2人分）
イワシ（刺身用）… 2尾
赤玉ねぎ…1/ 6個
塩…ひとつまみ
黒こしょう…適量
レモン…1/ 8個
オリーブオイル…大さじ1

作り方
1 赤玉ねぎを薄くスライスし、水に一瞬さらしてから、
　 キッチンペーパーなどで水気をとる
2 そぎ切りしたイワシを皿に敷きつめる
3 **2**に**1**を盛り、塩、黒こしょうをふり、レモンをしぼり、
　 オリーブオイルをまわしかける

⬤ これはやってほしい!! トーストにマスタードを塗った上にのせてもおいしいです。

タコにら中華風

材料（2人分）
ゆでタコ…足1本
にら…3本
砂糖…小さじ1／2
しょうゆ…大さじ1／2
酢…大さじ1／2
豆板醤…小さじ1／2
ごま油…大さじ1／2

作り方
1 タコを薄くスライスして皿に盛る
2 にらはみじん切りにし、**1**の上にのせる
3 調味料をすべて混ぜ合わせ、**2**の上から
　 かける

　 ● ニラは切って5分ほど置いてから使うと辛み
　 　 がマイルドに。

タコブツ洋風

材料（2人分）
ゆでタコ…足1本
フルーツトマト…小2個
パセリ…枝1本
バジル…3枚
塩…少々
レモン…1／8個
オリーブオイル…大さじ1

作り方
1 タコを乱切り、トマトも乱切りにする
2 パセリの葉、バジルを細かく刻む
3 **1**と**2**を混ぜて塩をふり、レモンをしぼってオ
　 リーブオイルをまわしかける

　 ● お酒のアテにこんなヘルシーな
　 　 レシピはいかが？

刺身・調味料アレンジ 〜〜〜

ホタテカルパッチョ

材料（2人分）
ホタテ（刺身用）…4個
ラディッシュ…2個
とんぶり…大さじ1
スプラウト…5g
レモン…1／4個
オリーブオイル…適量
塩…ひとつまみ

作り方
1 ホタテを横に3等分にスライスして皿に盛る
2 ラディッシュは薄く輪切りにして **1** の上にのせる
3 **2** の上にとんぶりをのせる
4 スプラウトは根を落として食べやすい長さに切り、**3** の全体に散らす
5 レモンをしぼりオリーブオイルをまわしかけ、仕上げに塩をふる

🍽 切って並べて、あーカンタン！　とんぶりをキャビアだと思って食べれば気分も上がる！

しめサバヨーグルト

材料（2人分）
しめサバ…半身
プレーンヨーグルト
　　　　　…大さじ2
レモン…1/4個
塩…ひとつまみ
クミンパウダー…小さじ1/2
オリーブオイル…小さじ1

作り方
1 しめサバをぶつ切りにする
2 プレーンヨーグルトにレモンのしぼり汁、調味料、オリーブオイルを入れて混ぜる
3 しめサバを**2**で和える

**クリトモ
メモ**
魚だけにギョッとするかもしれないこの組み合わせ。騙されたと思って食べてみて！
カッテージチーズをそえてもおいしいです。しめサバ次第で塩を加減して。
しめサバはスーパーの加工品コーナーに売っています。

　　　　　　　　　　　　　　刺身・調味料アレンジ 〜〜〜

細切りイカ＋ズッキーニ

材料（2人分）
イカ（細切り刺身用）… 約 70g
ズッキーニ…1／4本（約5cm）
スペアミントの葉…4枚
レモン…1／8個
塩…ひとつまみ
オリーブオイル…大さじ1／2

作り方
1 ズッキーニを縦に切って千切りにする
2 スペアミントの葉も千切りにする
3 イカと**1**と**2**を合わせ、レモンをしぼり、塩、オリーブオイルを加えて和える

◉ 細切りなのでスパゲッティにからめて食べてもおいしいです。

細切りイカ＋セロリ

材料（2人分）
イカ（細切り刺身用）… 約 70g
セロリの葉…1本分
ライム…1／4個
塩…ひとつまみ
オリーブオイル…小さじ2〜3

作り方
1 セロリの葉をみじん切りにする
2 イカと**1**を合わせ、ライムをしぼり、塩とオリーブオイルを加えて和える

◉ ライムの皮を千切りにして入れると爽やかに。

刺身・和える 〰〰

ホタテのタルタル

材料（2人分）
ホタテ（刺身用）…3個
きゅうり…1本
オレンジ…1／6個
卵黄…1個
塩…小さじ1／4

作り方
1 ホタテを1cm角に切る
2 きゅうりは縦半分に切り、種をスプーンでこそぎとり、1cm角に刻む
3 オレンジの皮をむき、果肉を潰さないように1cm角に切る
4 **123**をボウルに入れ、卵黄と塩を加えて全体をさっくり和える

食べる前にサッと和えてパンにのせて食べても。

カツオカレーマヨ

材料（2人分）

カツオ（刺身用）…1／2冊
玉ねぎ…1／6個
ミニトマト…4個
マヨネーズ…小さじ1
カレー粉…ひとつまみ
黒こしょう…小さじ1

作り方

1 カツオの冊をお好みの大きさにぶつ切りにする
2 玉ねぎをみじん切りにする
3 ミニトマトを半分に切る
4 **123**をボウルに入れ調味料を加え、全体を和える

カツオっていろんな可能性を秘めてる魚。
カレー味もトマト味もほんと合う！
アボカドを入れるのもおすすめです。

アジのタルタル

材料（2人分）
アジ（刺身用）…3尾分（6枚）
長ねぎ…3cm
みょうが…1個
しょうが…5g
穂じそ…2本分（あれば）
酒…小さじ2
しょうゆ…小さじ1
みそ…小さじ1

作り方
1 アジを細かく刻む
2 長ねぎ、みょうが、しょうが、
　穂じそをみじん切りにする
3 調味料をすべて混ぜ合わせ、
　1と**2**に加えて和える

サーモンのタルタル

材料（2人分）
サーモン（刺身用）…70g
ゆで卵…1個
クリームチーズ…1個（18g）
ケッパー…小さじ1/2
ディル…適量
塩…ひとつまみ

作り方
1 クリームチーズは常温で
　やわらくしておく
2 サーモン、ゆで卵、
　ケッパーを細かく刻む
3 **1**と**2**を和え、塩をふり
　ディルを散らす

イワシのタルタル

材料（2人分）
イワシ（刺身用）…2尾分（4枚）
きゅうり… 1／4 本
赤玉ねぎ…1／8 個
セロリ…2cm
エシャロット…1／2 本
ケッパー…小さじ1／2
ディジョンマスタード…小さじ2
塩…少々
黒こしょう…適量
オリーブオイル…小さじ2

作り方
1 イワシを細かく刻む
2 きゅうりは皮をむいて、縦半分に切り、種を
　スプーンでこそげとり、みじん切りにする
3 赤玉ねぎ、セロリ、エシャロット、ケッパー
　もみじん切りにする
4 **123**と調味料をすべて加えて和える

↖ タルタルは細かくたたくのもいいけど、
私は荒く刻んで食感を残すのが好み。
パンにのせてもすごく合います。
白ワインもあれば最高 🍷

69

マグロチーズ和え

材料（2人分）
マグロ赤身…100g
赤玉ねぎ…1/12個（みじん切り大さじ1）
塩…ひとつまみ
オリーブオイル…小さじ1
パルミジャーノ・レッジャーノ
　（粉チーズでも可）…小さじ1

作り方
1 マグロをぶつ切りにする
2 みじん切りにした赤玉ねぎとマグロを和える
3 2に塩とオリーブオイルをふりかけ、パルミ
　 ジャーノ・レッジャーノをのせる

● これ、自分的に目からウロコ！

マグロなっとう

材料（2人分）
マグロ赤身…70g
長ねぎ…3cm
納豆…1パック（30g）
たくあん…2cm分
卵黄…1個
しょうゆ…適量
からし…適量

作り方
1 マグロは小さめのぶつ切りにする
2 長ねぎ、たくあんはみじん切りにする
3 1、2と納豆を皿に盛り、卵をのせ、しょう
　 ゆをまわしかける
4 からしはお好みで

海苔で巻いておつまみもいいけど、
ご飯にかけてもおいしい。

マグロ マヨキムチ丼

材料（1人分）
マグロ切り落とし…3枚
ご飯…1杯
キムチ…大さじ1
とび子…大さじ1
柿の種…適量
しょうゆ…適量
マヨネーズ…大さじ1/2

作り方
1 茶碗にご飯をよそう
2 1にマグロ、キムチ、とび子をのせる
3 砕いた柿の種をパラパラとふりかけ、お好みでしょ
　うゆをまわしかけ、マヨネーズをそえる

● マヨネーズって偉大だわ！ 柿の種の食感がアクセント。

刺身・和える 〜〜

ブリ漬けごま和え

材料（2人分）
ブリ漬け…1パック（150g）
※下記レシピ参照
練りごま…大さじ2
ご飯…2杯
高菜…適量
万能ねぎ…1本
すりごま…適量

作り方
1 下記レシピのブリ漬けと漬け汁に練りごまを和える
2 茶碗にご飯をよそい、1と高菜を盛る
3 2に小口切りにした万能ねぎとすりごまをふりかける

⬤ 練りごまでコクと風味もUP。ブリ漬けアレンジです。

ブリ漬け

材料（2人分）
ブリ（刺身用）…1パック（150g）
酒…大さじ2
しょうゆ…大さじ2
みりん…大さじ2

作り方
1 酒、しょうゆ、みりんを混ぜ合わせる
2 1にブリを漬け、3時間～半日冷蔵庫でおく

⬤ お好みで練りからしをつけて食べても。

刺身・漬ける

昆布〆の作り方
刺身のパックを昆布にのせて寝かせるだけ

1 昆布〆用の昆布の両面を、日本酒を含ませたキッチンペーパーでふく
*汚れをとるだけでなく風味も良くする

2 刺身に塩を軽くまんべんなくふり、昆布の上に刺身をのせる

3 **2**の上から昆布をかぶせる

4 ラップを昆布よりも大きいサイズに切り、**3**を包む

5 ひと晩寝かせたら食べごろ。1週間ほど楽しめる

タイ

イカ

ホタテ

甘エビ

● 焼いたバゲットに、キンキンに冷えたバターをたっぷり塗って、
甘エビの昆布〆と一緒に食べると至福‼

ホタテ昆布〆
カッペリーニ

材料（1人分）
ホタテ…昆布〆4個
カッペリーニ…40g
塩…ひとつまみ
レモン…1/8個
オリーブオイル…適量
イクラ…大さじ2

昆布の風味と
塩気だけで
十分おいしい
スパゲッティに。

作り方
1 ホタテを1cm角に刻む
2 カッペリーニを表示時間通りにゆで、ゆで
　上がったら水でしめ、水気をよく切る
3 2に塩を入れ、レモンをしぼり、オリーブ
　オイルをひとまわしかけ、混ぜる
4 3を皿に盛り、ホタテとイクラをのせる

〈 しょうゆや塩で食べる、サラダの具にする
ほか、昆布〆アレンジ 〉

タイ昆布〆そうめん

材料（1人分）
タイ…昆布〆4切れ
みょうが…1/2個
すだち…1個
そうめん…1束
めんつゆ（市販のもの）…適量

作り方
1 タイの昆布〆を細切りにする
2 みょうがを縦半分に切り、繊維に沿って千切
　り、すだちは薄く輪切りにする
3 そうめんを表示時間通りにゆで、水でしめる
4 123を皿に盛り、めんつゆを用意しすだち
　を入れる

そうめん×刺身とかありえないかもだけど昆布〆
しているのでめんつゆと合うんです。

刺身・〆る 〜〜

サーモンナゲット

材料（2人分）
サケ（刺身用）…500g
卵…1個
小麦粉…大さじ2
マヨネーズ…大さじ1
植物油…鍋の半量
〈ソース〉
　ケチャップ…お好みで
　マヨネーズ…お好みで
　おろしにんにく…お好みで

作り方
1 材料をすべてフードプロセッサーに入れて混ぜ合わせる
2 鍋に油を入れて160度に熱する
3 2に1をスプーンですくって入れ、こんがりと焦げ目がつくまで揚げる
4 ソースの材料を混ぜ合わせてそえる

● フードプロセッサーがあれば超カンタン！
　ケチャップとマヨネーズを同量混ぜてソースに。おろしにんにくを入れても。

しゃけカツ

材料（2人分）
サケ（刺身用）…1冊（500g）
塩…適量
植物油…鍋の半量
小麦粉…大さじ1〜2
卵…1個
パン粉…1カップ
〈タルタルソース〉
　玉ねぎ…1/6個
　ゆで卵…1個
　ケッパー…小さじ1
　ピクルス…30g
　マヨネーズ…大さじ4
　粒マスタード…小さじ2

作り方
1 サケの冊を1.5cm幅に切り、軽く塩をふる
2 1に小麦粉、溶き卵、パン粉の順にまぶす
3 鍋に油を入れ、200度に熱する
4 3に2を入れ、衣に色目が少しつくくらいにサッと揚げる
5 玉ねぎ、ゆで卵、ケッパー、ピクルスのみじん切りに、マヨネーズ、粒マスタードを混ぜ合わせてそえる

 クリトモメモ　使用するサケは刺身なので生食用。揚げ時間は短め、半生くらいがおいしいです。

カツオフライ

材料（2人分）

カツオ（刺身用）
　　…1冊（180g）
塩…少々
小麦粉…大さじ1
卵…1個
パン粉…100g
植物油…鍋の半量

〈サルサ〉
トマト…中1個
ピーマン…1個
玉ねぎ…1/4個
パクチー…3本
塩…小さじ1/2
タバスコ…小さじ2

作り方

1 カツオの冊を1.5〜2cm幅に切る

2 1に塩をふって、小麦粉、溶き卵、パン粉の順にまぶす

3 鍋に油を入れ、200度に熱する

4 3に2を入れ、衣に色目が少しつくくらいにサッと揚げる

5 〈サルサ〉トマトは1cmの角切り、ピーマン、玉ねぎ、パクチーはみじん切りにし、塩、タバスコを入れて混ぜ合わせる

6 4に5をそえて出来上がり

● カツオって柵で買うと大きくて食べきれないですよね。刺身ばかりは飽きちゃうし…というわけで揚げちゃいました。

タイ春巻き

材料 (2人分)
タイ (刺身用)…1冊 (12枚)
長ねぎ…5cm
オクラ…4本
塩…少々
片栗粉…小さじ1
春巻きの皮…4枚
水…小さじ2
小麦粉…大さじ1
植物油…鍋の半量

作り方
1 長ねぎを縦に4等分にする
2 オクラはガクのまわりを包丁でそぎ落とし、斜め半分に切る
3 1と2、タイをボウルに入れ、塩と片栗粉を入れて混ぜ合わせる
4 春巻きの皮にオクラ1本分、タイ2枚、長ねぎを入れて巻き、巻き終わりを水で溶いた小麦粉で止める
5 鍋に油を入れ、180度に熱する
6 5に4を入れ、キツネ色になるまで揚げる

● 塩とお酢でシンプルに。春は空豆や黄ニラを入れておもてなし料理にもどうぞ。

刺身・揚げる 〰〰

マグロのスリランカカレー

材料（2人分）
マグロ（刺身用）…200g
　※マグロの種類はなんでもOK
玉ねぎ…小1個
トマト…中2個
しょうが（皮つき）…20g
にんにく…2片（10g）
カイエンペッパー…大さじ1/2〜1
塩…小さじ1
牛乳…300㎖
グリンピース…60g
植物油…大さじ1
ご飯…2杯
パクチー…2本
〈お好みで 付け合わせ〉
　　キャベツの千切り…適量
　　しょうがの千切り…少量
　　植物油…適量
　　漬物…適量

作り方
1　マグロは食べやすい大きさにサイコロ状に切る
2　玉ねぎは繊維にそって薄くスライス、トマトはざく切り、しょうが（皮つき）とにんにくは千切りにする
3　フライパンに油をしき、しょうがとにんにくを入れて中火で香りが出るまで炒める
4　3にカイエンペッパーを入れて混ぜ、玉ねぎを入れて透きとおるまで炒める
5　4にトマトとマグロと塩を入れて軽く炒める
6　5に牛乳を入れて中火で水分が半量になるまで煮つめ、グリンピースを入れる
7　別のフライパンで、千切りにしたしょうがとキャベツを油で軽く炒める
8　皿にご飯を盛り、6をかけて刻んだパクチーをのせ、7とお好みの漬物をそえる

クリトモ
メモ
スリランカの友人に習ったレシピ。
マグロが安売りしている時におすすめです。
いろいろなものを混ぜ合わせて食べるのがスリランカカレーの魅力。

アジのハンバーグ

材料（2人分）
アジ（刺身用）…10枚（120g）
レンコン…100g
塩…小さじ1/4
植物油…大さじ1

作り方
1 アジは細かくたたく
2 レンコンは皮をむいてすりおろし、水気をしぼる
3 ボウルに**1**と**2**を入れ、塩を加えよく混ぜ合わせ、
　4等分にして食べやすい形にまとめる
4 フライパンに油を熱し、**3**を入れて、弱火〜中火
　でひっくり返しながら両面をゆっくり10分焼く

 クリトモメモ　レンコンは加熱するとつなぎになってくれます。
お好みで大根おろしとしょうゆをそえて。
他には生のトマトと玉ねぎを刻んだものをのせて
ポン酢をかけてもおいしいです。

貝・甲殻類

エビ・カキ・アサリ

貝・甲殻類あれこれ

エビの手入れ

エビから臭いが出たら、そんな時は、殻をむいたエビをボウルに入れ、塩を強めにして5分ほど置き、水で洗い流します。水分をきって酒でさらに洗って、また水分を切ります。
それでも臭いが気になる時は、これを数回繰り返してください。

塩を使わない！ アサリの簡単砂抜き

1 約50度のお湯（指を入れて3秒耐えられないくらいの熱さ）にアサリを入れ、10分ほど放置

2 全体をかき回し、水が濁って、磯の匂いが漂ったら、ザルにあげて流水でよく洗い流す

こぼれ話

「魚屋修業時代、最初の仕事は牡蠣売りだった」

　魚の勉強がしたくて築地市場で働き始めましたが、最初に与えられた仕事は、まさかの牡蠣売り。
　初めはふてくされて楽しく仕事ができなかったのですが、そんな自分が嫌になり、「これではいけない、牡蠣を好きになってたくさん売ってやろう」と心を入れ替え、いろんな牡蠣を食べて学ぶことにしました。
　そこで思ったこと。
　大粒の牡蠣は上の貝柱サイドと下の身サイドと2回に分けて食べると楽しいということ。
　さっぱりとした貝柱周りと濃厚な身の部分の違いが楽しめます。さらには、ウイスキーを数滴垂らしたり、ごま油と塩、紹興酒につけて食べるのもおいしいのです。

ガーリックシュリンプ

材料（2人分）
ブラックタイガー…12尾
ご飯…2杯
玉ねぎ…1／4個
にんにく…2片（10g）
★ ┃ レモン汁…1／4個分
　 ┃ オリーブオイル…大さじ2
　 ┃ 塩…小さじ1と1／2
オリーブオイル…大さじ1／2

作り方
1 ブラックタイガーの殻をむき、深めに切れ込みを入れて背わたもとる
2 玉ねぎとにんにくはすりおろし、★と混ぜて **1**をつけてひと晩おく
3 フライパンにオリーブオイルを入れて熱し、**2**のつけ汁を落としたエビを片面2、3分焼く
4 エビをひっくり返し、つけ汁を入れてよく炒めご飯の上に盛る

お好みでレモンをそえて。お弁当にも使える一品です。ご飯だけじゃなく、サンドウィッチの具にも。

エビ水餃子

材料（2人分）
皮むきエビ…200g
にら…1／3束
しょうが…5g
酒…小さじ1
砂糖…小さじ1
塩…小さじ1／2
餃子の皮…16枚
ごま油…適量

【包み方】
皮に具をのせて
半分に折って水でとめる

★と★を
水でとめる

作り方
1 にらは小口切り、しょうがはみじん切りにする
2 背わたをとったエビ半分を細かく刻み、残り半分を大きめに切り、**1**と酒と砂糖と塩を入れてよく混ぜる
3 **2**を餃子の皮に少なめにのせ、ひだを作らずに半円に閉じ、閉じた両端をまた合わせる
4 鍋に湯（分量外）を沸かし2分ゆでる
5 皿にとり、ごま油を回しかける

揚げ餃子にしてお弁当の具にも。

貝・甲殻類 〰〰

カキのタイ風オムレツ

材料（4人分）
カキ…小粒なら10個、大粒なら6個
万能ねぎ…3本
にんにく…1片（5g）
卵…3個
ナンプラー…小さじ1／2
塩…ひとつまみ
片栗粉…大さじ1
ごま油…大さじ4
もやし…1／2袋
チリソース…大さじ1～2
パクチー…1本

作り方
1 万能ねぎは小口切り、にんにくは薄くスライスする
2 卵を溶いて、万能ねぎとナンプラーを入れる
3 カキの水気をキッチンペーパーでふきとって軽く塩（分量外）をふり、片栗粉をまぶす
4 フライパンにごま油大さじ1を入れて熱し、にんにくを入れ香りが出るまで炒めたら、もやしを入れて炒め、塩をひとつまみ入れ味を整え、皿に盛る
5 同じフライパンにごま油大さじ2を入れて熱し、**3**を入れて弱火～中火でしっかり中まで火が通り、焼き色がつくまで炒める
6 **5**にごま油大さじ1を足して**2**を入れたら強火にし、フライパンの外側から混ぜるように炒め、卵が固まったら火を消して、もやしの上に盛る
7 チリソースをまわしかけ、刻んだパクチーを盛って出来上がり

⬤ タイ料理の定番をご家庭でぜひ。

アサリバジル炒め

材料（4人分）
アサリ…400g
にんにく…1片（5g）
赤とうがらし…1本
植物油…大さじ2
酒…大さじ2
ナンプラー…小さじ2
オイスターソース…小さじ2
XO醤…小さじ1
生バジル…1パック

● 残った汁をご飯に
かけてもいいし、
米麺と和えるのもいい。

作り方
1 つぶしたにんにく、赤とうがらし、油をフライ
パンに入れて加熱し、色がつくまで弱火で炒め
る
2 砂抜きしたアサリ（p84参照）を入れ、全体
に油がまわるように炒めたら、酒を入れて蓋
をして3分程度蒸し炒める
3 蓋を取り、ナンプラー、オイスターソース、X
O醤を入れて全体をよく炒め、バジルを入れて
サッと混ぜる

ボンゴレビアンコ

材料（2人分）
アサリ…200g
にんにく…1片（5g）
とうがらし…3枚
オリーブオイル…大さじ2
白ワイン（酒）…150㎖
スパゲッティ…160g
ナンプラー…小さじ1/2
バター…10g
イタリアンパセリ…枝3本

● ナンプラーが隠し味！
貝を加熱しすぎない
ように。

作り方
1 フライパンに薄くスライスしたにんにく、とうがらし、
オリーブオイルを入れ、弱火でゆっくり炒める
2 にんにくに焼き色がついたら砂抜きしたアサリ（p84
参照）を入れ、全体に油がまわったら白ワインを入
れて蓋をして1〜2分加熱して火を止める
3 スパゲッティを表示時間より2分短くゆでる
4 お玉1/2のゆで汁と一緒にスパゲッティを2に入れ、
ナンプラーを入れて炒め、仕上げにバターを入れて
混ぜ合わせたら、皿に盛りイタリアンパセリを散らす

缶 詰

〜〜〜〜〜〜〜〜〜

サバみそ煮缶・サバ水煮缶
イワシ水煮缶・サンマ蒲焼缶

サバみそ煮缶

みそ煮コロッケ

材料（4人分・8個）
サバ味みそ煮缶…1缶 (150g)
じゃがいも…中4個 (350g)
玉ねぎ…1/6個
溶けるチーズ…80g
小麦粉…30g
溶き卵…2個分
パン粉…40g
植物油…鍋の半量

作り方
1 じゃがいもをゆで皮をむいて熱い
　うちにつぶし、千切りにした玉ね
　ぎ、溶けるチーズ、缶汁を切った
　サバみそ煮を混ぜ合わせる
2 1を8等分にして丸め、小麦粉、
　溶き卵、パン粉の順にまぶす
3 鍋に油を入れ180度に熱したら、2
　を入れ、こんがり色づくまで揚げる

🐟 下味はついてるけどソースをかけるともっとおいしいです。

キムチ和え

材料（2人分）
サバみそ煮缶…1缶
キムチ…好きなだけ
マヨネーズ…好きなだけ
万能ねぎ…好きなだけ

作り方
1 缶汁を切ったサバみそ煮とキム
　チを皿に盛る
2 マヨネーズをかけ、小口切りに
　した万能ねぎをふりかける

🐟 これ、友人に大好評‼
　ぐちゃぐちゃに混ぜ合わせて
　食べるのもいいです。

玉ねぎレモン

材料（2人分）
サバ水煮缶…1缶
玉ねぎ…1/8個
レモン…1/3個
黒こしょう…多め

作り方
1 玉ねぎを繊維に沿って薄くスライスし、水に3分ほどさらす
2 レモンをスライスしてから、いちょう切りにする
3 缶汁を切ったサバ水煮の上に、水気を切った玉ねぎとレモンをのせ、黒こしょうをふる

● レモンは皮ごと一緒に食べちゃって。

チーズ和え

材料（2人分）
サバ水煮缶…1缶
玉ねぎ…1/4個
ガーリック風味のクリームチーズ
…1/3個

黒こしょう…適量

作り方
1 玉ねぎを繊維に沿って薄くスライスし、水に3分ほどさらす
2 缶汁を切ったサバ水煮の上に、水気を切った玉ねぎとチーズをのせ、こしょうをふる

● 「ブルサン」があればとても便利。普通のクリームチーズでもOK。

缶詰 〰〰

アヒージョ

材料（2人分）
イワシ水煮缶…1缶
にんにく…1片（5g）
とうがらし…1本
タイム…2本
塩…小さじ1／2
オリーブオイル…皿の半量

作り方
1 にんにくは薄くスライスする
2 缶汁を切ったイワシ水煮を耐熱皿に入れて、その上ににんにく、とうがらし、タイム、塩、オリーブオイルを入れる
3 グリルの弱火で15分ほど焼く

🐟 焼いたパンにオイルをつけると、また別のおつまみに！

🐟 盛りつけ時にバターを足すとさらにおいしい。

バターしょうゆ
スパゲッティ

材料（2人分）
イワシ水煮缶…1缶
玉ねぎ…1／4個
万能ねぎ…4本
スパゲッティ…160g
にんにく…1片（5g）
オリーブオイル…大さじ2
バター…10g
しょうゆ…大さじ1
かつおぶし…適量

作り方
1 玉ねぎは薄切り、万能ねぎは小口切りにし、スパゲッティを表示時間よりも2分短くゆでる
2 フライパンににんにくとオリーブオイルを入れて弱火で香りが立つまで加熱したら、玉ねぎを入れて中火で炒め、缶汁を切ったイワシも入れてさらに炒める
3 2にスパゲッティ、バター、しょうゆを入れよく炒め、皿に盛り、万能ねぎとかつおぶしを散らす

サンマ蒲焼缶

サンドウィッチ

材料（2人分）
サンマ蒲焼缶…1缶
きゅうり…1/2本
食パン…2枚
クリームチーズ…25g

作り方
1 きゅうりは縦にピーラーで薄く切る
2 パンをトースターで軽く焼き、クリームチーズを片面に塗る
3 2にサンマ蒲焼缶、きゅうりを挟む

💬 マスタードも合います。
きゅうりたっぷりがサイコー！

混ぜご飯

材料（2人分）
サンマ蒲焼缶…1缶
梅干し…1粒
大葉…5枚
白ごま…大さじ1
ご飯…1合

作り方
1 梅干しの種をとり、細かくたたく
2 大葉は千切りにする
3 あたたかいご飯にサンマ蒲焼缶と1とごまを入れて混ぜる
4 茶碗によそい、2を飾る

💬 おにぎりにも！ ひじきの煮物とか混ぜちゃってもいいかも。

缶詰 〰〰

索　引

魚介類 50 音順

ご飯・パン・麺など

卵・乳製品使用

栗原 友

ファッション誌のフリーエディター、アパレル会社のPRを経て
2005年より料理家として活動開始。
築地市場にある鮮魚店に5年勤務の後、夫とともに水産会社を経営。
2020年10月、築地に鮮魚店「クリトモ商店」オープン。
www.kuritomo.co.jp
Instagram:kuritomo_shouten

写真：志水隆
デザイン：野中深雪

魚屋だから考えた。
クリトモのかんたん魚レシピ

2020年12月15日　第1刷発行
2022年6月1日　第2刷発行

著者　栗原 友
発行者　鳥山 靖
発行所　株式会社 文藝春秋
〒102-8008 東京都千代田区紀尾井町 3-23　電話 03-3265-1211
印刷・製本　図書印刷